AF343764

CATALOGUE

DE

TABLEAUX

PROVENANT DE LA COLLECTION

DE FEU M. C. PÉRIER,

Ancien Président du Conseil.

PARIS.

IMPRIMERIE DE E.-B. DELANCHY,

RUE DU FAUBOURG-MONTMARTRE, 11.

—

1838.

CATALOGUE

DE

TABLEAUX

DES ÉCOLES ESPAGNOLE, ITALIENNE, HOLLANDAISE, FLAMANDE ET FRANÇAISE,

D'OBJETS D'ART ET DE CURIOSITÉS,

PROVENANT DE LA COLLECTION

DE FEU M. CASIMIR PÉRIER,

ANCIEN PRÉSIDENT DU CONSEIL,

DONT LA VENTE AURA LIEU,

Les 18, 19, 20 et 21 Avril 1838, à midi,

EN SON HOTEL, RUE NEUVE-DU-LUXEMBOURG, N° 27,

Par le ministère de M° Benou, Commissaire-Priseur, rue Taranne, n° 11,

Et M. La Neuville aîné, Expert, rue Sainte-Anne, n° 69.

Exposition publique les Dimanche 15, Lundi 16 et Mardi 17 avril 1838.

LE CATALOGUE SE DISTRIBUE CHEZ MM. BENOU ET LA NEUVILLE, AUX ADRESSES CI-DESSUS, ET CHEZ LE CONCIERGE DE L'HÔTEL.

A Londres, M. SMITH, New-Bonds-street, n° 31.
A Bruxelles, M. HÉRIS, peintre.
A Amsterdam, M. ROOS fils.

N. B. Les acquéreurs paieront cinq pour cent en sus des enchères imputables sur les frais.

PARIS. — IMPRIMERIE DE E.-B. DELANCHY,
Faub. Montmartre, n° 11.
1838.

PARIS. — IMPRIMERIE DE E.-B. DELANCHY,
Faub. Montmartre, n° 11.

AVERTISSEMENT.

Nous ne ferons précéder ce catalogue d'aucuns de ces éloges oiseux et inutiles dont on a fait si souvent abus; les connaisseurs et amateurs ne forment ni leur jugement ni leur goût d'après l'opinion qu'on cherche à leur imposer. Nous nous contenterons de prévenir que cette vente se compose de beaux et bons tableaux, bien réels de qualité et de mérite, dans le meilleur état, provenant des principales galeries, telles que Saint-Victor, Érard, La Périère, duc de Berry, etc., etc.

[illegible]

[illegible]
[illegible]
[illegible]
[illegible]
[illegible]
[illegible]
[illegible]
[illegible]
[illegible]
[illegible]

CATALOGUE
DE TABLEAUX.

MURILLO.

1. — Très beau portrait d'un pape. Nous avions d'abord cru ce tableau pouvoir être de l'école vénitienne, un connaisseur pensait au contraire qu'il devait être de l'école bolognaise; mais, sur les observations de plusieurs personnes connaissant très-bien l'école espagnole, et qui nous ont fait voir plusieurs portraits du même style et bien authentiques de Murillo, nous avons examiné avec soin ce portrait, principalement dans les parties qui caractérisent le plus ce maître, lorsqu'il sortait de sa manière habituelle (les portraits). J'ai donc étudié les mains, les manches et autres parties, et je suis resté convaincu qu'il devait être de Murillo. Nous ne prétendons pas imposer notre opinion au public; mais comme elle est consciencieuse, et que nous avons quelques prétentions à connaître l'école espagnole, dont nous avons fait une étude spéciale bien avant que l'on ne s'en occupât comme aujourd'hui (depuis quinze ans), nous devons dire toute

— 6 —

notre pensée à cet égard. Le public, du reste, rendra tout à son aise le jugement qui lui conviendra, puisque le tableau sera mis aux enchères à très-bas prix, afin que chacun puisse en tirer les conséquences qu'il voudra.

TOLÈDE (Jean de).

2. — Bataille entre les Espagnols et les Maures. Ce tableau est d'une belle couleur et plein d'harmonie ; ce maître, très-peu connu en France, ne peut être que bien accueilli à cause de son mérite et de sa rareté. Ce tableau provient de la célèbre galerie du marquis de Gérini.

LE NAIN.

3. — Deux jeunes garçons et une jeune fille entourent un tonneau sur lequel est un casque qui sert de timbales à la jeune fille ; les deux garçons jouent, l'un du violon, et l'autre d'une espèce de tambourin. Cette grotesque composition est d'une belle couleur et de la belle qualité du maître.

LOCATELLI.

4. — Deux magnifiques paysages historiques d'une riche composition et enrichies de figures ; ces deux tableaux sont dignes des plus grands maîtres, et feraient honneur aux plus belles galeries.

5. — Bon paysage dans le style du Poussin. Jésus, entouré de ses disciples et de peuple, rend la vue à un aveugle qu'il rencontre en chemin.

LE PARMESAN.

6. — Sujet tiré des Écritures saintes. Ce tableau, largement touché, chaud de ton et plein d'harmonie, sera apprécié par les connaisseurs.

PANINI.

6 bis. — Deux belles compositions représentant des intérieurs de palais où des artistes sont occupés à organiser et placer les objets d'art qui doivent les décorer. Ces deux beaux tableaux peuvent très bien tenir leur place à l'entrée d'une galerie.

ROMANELLI.

7. — La Vierge, assise, tient sur ses genoux l'Enfant-Jésus examinant la croix que sa mère remet entre les mains du petit saint Jean, agenouillé près d'elle : deux chérubins appuyés sur des nuages contemplent cette scène. Il est impossible de rien voir de plus fin, d'une touche plus délicate ; le coloris brillant, les draperies, les fonds, tout concourt à faire un vrai bijou de ce joli tableau.

ROMAIN (Jules).

8. — Portrait de Léon X, accompagné des cardinaux Médicis et   . Ce beau tableau est d'autant plus précieux qu'il n'existe que deux importantes copies du temps, l'une par Andrea del Sarto, et celle-ci par J. Romain. Il ne laisse rien à désirer comme mérite de peinture et conservation : messieurs les ama-

teurs de portraits historiques sauront donc apprécier l'intérêt que doit obtenir ce tableau.

9. — Un saint   visitant sainte   dans sa prison. Bon tableau bien conservé de l'école d'Italie.

SALVATOR ROSA.

9 bis. — Un saint attaché à un arbre, attend l'issue d'un combat qui se passe dans le fond du tableau; cette belle œuvre de ce grand maître est remarquable par la simplicité et le grandiose à la fois du style, touche ferme et large, riche couleur, anatomie scrupuleusement étudiée, dessin parfait; tout prouve dans ce chef-d'œuvre que rien n'était étranger à ce grand maître, et qu'il a voulu prouver, quoiqu'il fit rarement des tableaux de figures grandes comme nature, qu'aucun genre ne lui était étranger, et à quelle perfection il pouvait atteindre; cette précieuse production ne peut qu'honorer les galeries où l'on doit s'empresser de l'admettre.

Écoles Flamande et Hollandaise.

BOTH (André).

10. — Dans une rue d'une ville d'Italie, sur le premier plan, des mendiants jouent le produit des

aumônes qu'ils ont reçues ; derrière eux un jeune marchand de gâteaux et un marchand de liqueur les regardent et attendent le résultat de la partie pour vendre leur marchandise ; plus loin, d'autres mendiants sont groupés près d'une marchande de légumes. Ce tableau, chaud de ton, est plein d'harmonie et de la belle qualité du maître.

BOTH (Jean) d'Italie.

11. — Site d'Italie au soleil couchant ; à gauche du tableau, des ronces et quelques arbres s'élèvent au milieu de rochers ; à droite et en avant d'une cascade sur laquelle est un pont, sont plusieurs grands arbres parmi lesquels on voit quelques roches et broussailles ; au milieu est un chemin sur lequel passent des voyageurs ; l'un monté sur un âne, et un autre suivant deux mulets chargés de ballots ; sur le premier plan, on voit deux villageois qui se reposent ; des montagnes se dessinant légèrement à travers les vapeurs jaunâtres de l'atmosphère terminent le point de vue.

DECKER.

— Au bord d'une rivière et au milieu d'un massif d'arbres, on aperçoit une chaumière ; cette composition est pleine de vigueur et d'harmonie et d'une parfaite conservation.

VAN EYÉCHOUT.

13. — Belle étude de ce maître et digne de Rembrandt. Un docteur, près de son malade écrit l'ordon-

nance qui doit lui rendre la santé; ce tableau, qui a toujours passé pour Rembrandt, sera jugé par les connaisseurs.

GRIEFF.

14. — Deux pendants représentant des oiseaux morts au pieds d'un arbre où sont suspendus dés attributs de chasse.

HERMAN (d'Italie).

15. — Bon paysage dans le style de Claude.

HUGTHEMBURG.

16. — Deux tableaux faisant pendants, et représentant des chocs de cavalerie; dans l'un l'on voit plusieurs cavaliers se disputant avec acharnement la prise et la défense d'un convoi arrêté près d'une rivière; dans l'autre, au premier plan on voit un trompette accompagné de plusieurs fuyards et sonnant la retraite, un officier autrichien les poursuit à outrance; dans le fond et à gauche du tableau une batterie d'artillerie foudroie l'ennemi; à l'horizon on apperçoit une ville près de laquelle la bataille se passe. Ces deux charmants tableaux sont d'une finesse et d'une qualité telle qu'on les prendrait pour des Ph. Wouvermans.

HOOG (Pierre de).

17. — Scène d'intérieur, une jeune femme est debout, vêtue d'une robe de satin vert avec un pardessus en satin rouge garni d'une fourrure blanche;

près d'elle est son enfant monté sur une chaise, et tenu par une servante qui présente un verre de vin dans lequel la jeune mère trempé un biscuit qu'elle fait manger à un perroquet; plus loin à droite, l'époux encore à table contemple cette scène tout en buvant un verre de vin; un chien et divers accessoires de salle à manger ornent cette charmante composition éclairée par une fenêtre à gauche du tableau. La rareté des tableaux de ce maître fera sans doute apprécier le mérite et la valeur de celui-ci.

JORDAENS (dans la manière de Carrache).

18. — Bon tableau, dans lequel on voit un satyre cherchant à entraîner une nymphe qui se défend avec énergie.

LE MÊME.

19. — Cette importante composition représente deux pâtres accompagnés de leur chien et gardant des chevaux et des vaches dans un riche paysage; ce tableau est sans contredit un des chefs-d'œuvre de ce maître, la preuve c'est qu'il a long-temps passé pour être de Rubens dont il est digne sous tous les rapports.

LE MÊME.

20. — Composition capitale représentant une Sainte-Famille; ce magnifique tableau, digne d'un musée et de la plus parfaite conservation, réunit toutes les qualités que l'on peut désirer dans ce grand maître; les amateurs de belle couleur et de touche large pourront se satisfaire.

MIEL (Jean).

21. — Beau tableau représentant un scène de cabaret sur une place publique en Italie; il est bien rare de rencontrer des productions de ce maître aussi claires et blondes de couleur; il est digne en tout de Karel Dujardin dont il s'est quelquefois inspiré; il provient de la vente du duc de Berry.

MOUCHERON.

22. — Paysage représentant un riche pays dans lequel on voit des sites montagneux, de l'eau, etc., et jolies figures par Lingelback; sur un chémin, des cavaliers revenant de la chasse donnent encore plus de piquant à ce délicieux tableau.

Le même.

23. — L'une des plus capitales compositions de ce maître; au premier abord on le croit un Both d'Italie. Quelle chaleur dans ce riche paysage, quelle vérité de nature, quel beau ciel! tout séduit dans ce joli tableau, aspect, qualité du maître, pureté, aussi les vrais connaisseurs sauront l'apprécier; de jolies figures de Lingelback ornent ce tableau.

Le même.

24. — Au pied d'un site montagneux sur lequel on aperçoit un château, passe une rivière dans laquelle des nymphes au retour de la chasse se baignent pour se délasser; ce beau paysage par un effet de matin a

tout le premier plan dans l'ombre, ce qui donne un effet piquant au tableau digne d'attirer l'attention ; les figures sont d'Adrien Vanden-Velde.

NETSCHER (Gaspar).

25. — Ce précieux tableau, de la plus belle qualité du maître, représente une jeune femme accompagnant son enfant qui vient offrir des fleurs à son père au retour de la promenade ; cette composition simple et naïve séduit l'œil ; la finesse de la touche, le soin apporté dans les détails rendent ce charmant tableau digne de Metzu.

OSTADE (Isaac).

26. — Très-bon tableau représentant une réunion de paysans flamands buvant devant un cabaret ; cette riche et belle composition a toujours été regardée comme étant d'Isaac Ostade, dans sa première manière, ce qui a été certifié par une personne considérée en Europe comme possédant des connaissances supérieures et que personne ne récusera (M. Webb).

OCTHERVELT.

27. — La leçon de basse dans une chambre. Une jeune femme vue de dos et vêtue d'une robe de satin blanc à corsage rouge est occupée à jouer de la basse, son maître qui l'accompagne sur le clavecin semble lui faire des observations. Ce tableau d'une grande finesse est digne de Terburg ; ce maître est très-rare.

POLEMBURG (Cornbille).

28. — La nativité de Notre-Seigneur. Là Vierge, saint Joseph et des bergers entourent l'Enfant-Jésus; des anges viennent assister à la bien-venue de l'oint de Dieu.

VANDER POOL.

29. — Ce tableau représente un incendie, à la suite de la prise d'une ville, par une armée du nord, si l'on en juge par le costume et les armes; il est impossible de rendre avec plus de vérité les effets de feu: ce tableau plaira sans doute aux amateurs.

LE MÊME.

30. — Incendie d'un village au bord de la mer; les habitants sont occupés les uns à éteindre le feu, d'autres à sauver les bagages et les animaux dans un bac: effet de feu très-bien rendu.

PINACKER.

31. — Joli petit paysage très-fin, enrichi de figures, représentant la fuite en Égypte; effet de soleil couchant.

PINACKER.

32. — La soirée d'automne.

Ce tableau provient du cabinet Saint-Victor et de la collection Érard.

Au premier plan, à notre gauche, se présente une éminence dont la partie supérieure est masquée par les rameaux de plusieurs arbres; une villageoise triste et réveuse a choisi cet endroit pour se reposer; deux brebis sont couchées près d'elle, à ses pieds est une chienne avec ses deux petits, un cheval blanc attend cette femme au milieu du chemin, à l'extrémité duquel on aperçoit un paysan marchant avec un bâton; les autres parties de ce paysage n'offrent plus à la vue qu'un pays découvert et terminé par des montagnes dont les sommets élevés et vaporeux se dessinent à peine au milieu des airs; le soleil près de se coucher imprime aux nuages et à toute la campagne la brillante couleur de ses derniers rayons.

LE MÊME.

33. — Magnifique composition de ce maître. Des voyageurs et des animaux parcourent une route au pied d'un site montagneux richement accidenté et boisé; à droite et terminant le point de vue on voit une rivière; ce beau paysage, par un effet de soleil couchant, est riche de détails et d'une grande pureté, orné de jolies figures du maître, dignes de Berghem; on rencontre rarement une aussi précieuse production de ce maître.

LE MÊME.

33 bis. —A gauche et au pied de hauts rochers, est un chemin sur lequel passent des voyageurs; à droite un lac entouré de broussailles au milieu du tableau; au second plan est un beau massif d'arbres, derrière lequel on aperçoit à l'horizon de hautes montagnes derrière

lesquelles se couche le soleil ; de jolies figures, par Lingelback, ornent cette production.

RUBENS (D'après).

34. — Bonne copie d'après le magnifique tableau qui est au musée d'Anvers.

LE MÊME

35. — Bonne copie représentant une descente de croix.

P.-P. RUBENS.

35 bis. — Jolie esquisse pleine de finesse et de transparence.

Elle représente l'adoration des bergers, et doit être la première pensée pour un grand tableau de cet habile maître.

36. — Tête d'homme dans le style de Rembrandt.

REMBRANDT.

37. — Portrait d'un homme coiffé de son chapeau et vêtu d'un costume noir avec collet blanc ; ce tableau, d'un bel effet et bien conservé, provient de la vente Lapeyrierre, faite par M. Henri.

RUISDAEL.

38. — Magnifique production de ce maître. A droite passent des voyageurs sur un chemin débouchant d'une forêt ; au milieu du tableau passe une rivière à gauche

de laquelle on aperçoit trois grands arbres; à l'horizon et derrière de beaux massifs on aperçoit des montagnes qui terminent le point de vue; un beau ciel bien ordonnancé, et quelques jolies figures du maître ornent cette importante composition; ce beau tableau provient de la vente d'Erard.

STIEN (Jean).

39.—Très-bon tableau de ce maître lorsqu'il a cherché à imiter Metzu.

Dans un intérieur de cabaret flamand, et assis près d'une table, un marin lit une gazette que semble écouter avec attention un vieillard assis sur le premier plan; dans le fond et derrière un rideau à moitié tiré et qui sépare la pièce en deux, on voit la maîtresse de la maison s'occupant de vendre sa marchandise aux chalands. Cette jolie production est d'une grande finesse de touche, et piquante de détails et de couleur.

SCHOVAERT.

40.—Deux tableaux faisant pendants et représentant des habitations au bord de la mer, où un grand nombre d'habitants sont réunis pour la fête du pays; des barques chargées de personnages et d'animaux amènent les habitants des pays voisins; ces deux jolies compositions, très-finement touchées, offrent un aspect piquant et sont enrichies d'un grand nombre de figures.

VAN STRIE.

41. — Charmant paysage dans le style d'Hobèmo,

et que ce maître savait si bien imiter; au bord d'une rivière qui traverse un riche pays, on aperçoit au second plan un moulin à eau; quelques figures ornent ce joli tableau.

STORCK.

42. — Joli tableau représentant un port de mer d'Italie; sur le premier plan et près d'une tour, on voit des marins occupés à transporter des marchandises sur un petit bâtiment; plus loin, en suivant la côte, on aperçoit des palais et des monuments bâtis sur le bord de la mer, et le long desquels voguent plusieurs chaloupes destinées pour la promenade.

SCHNÉDERT.

43. — Des chasseurs à cheval poursuivant un sanglier arrivent au moment où les chiens fondent dessus, et l'attaquent avec acharnement. Cette capitale composition du maître est bien conservée; les figures, de Jordaens, sont dignes de Rubens.

SOLMAKER.

43 *bis*. — En dehors d'une ville, sur une place au milieu de laquelle est une fontaine, des voyageurs et des pâtres font abreuver leurs bestiaux; à gauche du tableau et près d'une maison, une femme, montée sur un âne, conduit plusieurs vaches et moutons; à l'horizon, de hautes montagnes terminent le point de vue : un terrain rocailleux, des troncs d'arbres, un joli ciel, ornent cette piquante composition, digne de Berghem.

TENIERS (Attribué à D.).

44. — Très-bon tableau représentant, sur la place
d'un village, des paysans occupés à jouer à la boule.
Ce tableau, touché avec finesse et fermeté, mérite
l'attention des amateurs.

TENIERS (D'après).

45. — Bonne copie très-finement touchée, d'après
le tableau dit *la chemise blanche*, et qui a été vendu
18,000 fr. à la vente du duc de Berri.

TILBORGH.

46. — Magnifique composition réprésentant un riche paysage au milieu duquel un officier, entouré de
ses soldats, témoigne sa colère à l'annonce d'un espion
qu'on lui amène les yeux bandés; des groupes de
soldats sont occupés à divers jeux ; près d'eux et sur le
devant du tableau, on voit plusieurs parties d'armu-
res. Ce beau tableau est certainement l'un des plus ca-
pitaux et des plus précieux de ce maître, et ne peut
qu'orner une importante galerie.

WYNANTZ.

47. — Ce délicieux tableau, dit *le Fauconnier*, est
au-dessus de tout éloge et a toujours été regardé comme
un des chefs-d'œuvre du maître. Il provient de la collection du duc de Berri. La poésie piquante de la composition, le coloris blond et suave, la richesse des détails, un ciel plein de vérité et bien accidenté, tout
est séduisant dans cette belle production, jusqu'à la

grandeur du tableau qui permet de le placer partout, dans un appartement comme dans une galerie. Les figures sont si fines et si soigneusement touchées, qu'on les croirait plutôt d'Adrien Vandenvelde que de Lingelback. MM. les amateurs, du reste, sauront bien l'apprécier.

WYNANTZ.

48. — Charmante composition du plus piquant effet. Une rivière passe au bas d'un château et au milieu d'un pays richement boisé et accidenté; des ronces, des plantes, des arbres couchés à terre, enrichissent le premier plan à gauche; à droite, à travers le bois, l'on voit un seigneur et sa dame, tous deux à cheval et suivis d'un valet et de chiens de chasse, se rendant au rendez-vous pour jouir du plaisir que leur promet la belle matinée d'été qui éclaire ce joli pays.

LE MÊME.

49. — Joli petit paysage de l'effet le plus piquant. Une route longeant un tertre élevé surmonté d'un grand arbre et de broussailles; des voyageurs et des animaux parcourent le chemin qui conduit dans le lointain à une porte de ville. Ce petit tableau est vraiment un bijou du maître et attirera l'attention des amateurs.

50. — Joli paysage dans le style de Wynantz; tableau d'une jolie couleur et d'une grande finesse de touche.

VANDEN VELDE (Adrien).

51. — Près d'un pâtre qui se lave les pieds dans un

ruisseau est une jeune fille qui cause avec lui ; autour d'eux sont groupés divers animaux qui, après s'être abreuvés, se reposent sur l'herbe ; de beaux arbres et des ruines de monuments ornent ce délicieux tableau digne d'entrer dans les collections les plus distinguées ; il provient d'ailleurs de la collection la Peyrierre.

Il est difficile de trouver une production de ce précieux maître où il y ait plus de finesse et de piquant, et les amateurs se rappelleront la rareté et la difficulté de s'en procurer.

WENIX.

52. — Près du rivage de la mer, sur laquelle on voit une grande quantité de vaisseaux, s'élèvent des ruines de monuments antiques ; on distingue principalement un tombeau en granit rouge et les restes d'un temple, nombre de figures diverses sont groupées parmi les ruines ; sur le premier plan au milieu du tableau un gentilhomme revenant de la chasse est assis à terre ; à côté de lui est une jolie femme qu'il lutine ; près d'eux un jeune page tient un lévrier en laisse que semble effrayer un beau cheval blanc qui se cabre et qu'un valet a bien de la peine à retenir ; ce beau tableau, qui n'a pas été assez apprécié à la vente du duc de Berri, est de la plus belle qualité du maître et ne laisse rien à désirer ; heureux les amateurs qui le posséderont.

OMÉGANG.

53. — Dans un riche pays orné de massifs d'arbres et au pied d'une montagne, des pâtres gardent leurs

troupeaux, composés de vaches, chèvres, et moutons ;
au premier plan un jeune berger assis au bord d'un
ruisseau qui serpente à travers les arbres, joue de la
flûte et semble charmer les animaux qui l'entourent,
car ils prêtent tous l'oreille aux doux sons qu'ils enten-
dent ; cette jolie composition est éclairée par une belle
matinée d'été et ne laisse rien à désirer comme vérité
d'effet et la manière dont les groupes sont ordonnancés ;
il est de la belle qualité de cet habile maître et messieurs
les amateurs savent à quels hauts prix ses œuvres sont
maintenant portées en Hollande et en Belgique.

École française ancienne et moderne.

BOUCHER.

54. — Bon tableau représentant deux jeunes filles
surprises par un jeune berger ; il serait difficile de rencontrer une œuvre de ce maître plus parfaite, une composition plus aimable, un coloris plus frais ; les amateurs
de Boucher trouveront dans ce tableau la réunion de
toutes les qualités que l'on aime dans un habile maître.

G. HOET.

55. — Dans la campagne et en dehors des murs
d'une ville antique, on voit un arc de triomphe devant
lequel est une population qui vient rendre hommage

à un héros objet de son enthousiasme ; les uns sont occupés à tresser des couronnes et des guirlandes de fleurs dont ils le décorent, d'autres font de la musique; à gauche du tableau et près d'un autel, un jeune homme et une jeune fille cherchent à voir dans le sang de la victime vouée au sacrifice, si leurs vœux seront exaucés. Cette composition est d'une riche harmonie et bien composée; les figures y sont bien groupées, et ce tableau riche de détails est une des plus jolies productions de ce maître.

G. HOET.

55 bis. — Sur un fond de paysage et à l'entrée des enfers, les Danaïdes sont occupées à remplir un tonneau vide, sujet de leur supplice; cette composition est très gracieuse et d'un fini digne de Karel du Jardin ; les amateurs ne peuvent trop admirer ce petit chef-d'œuvre.

CLAUDE (dit le Lorrain.)

56. — Au premier plan, le long d'une rivière, un chemin sur lequel on voit des pâtres qui ramènent un riche troupeau composé de vaches, chèvres et moutons; à droite un beau massif d'arbres détermine un magnifique point de vue, à travers lequel on aperçoit la rivière qui serpente dans le pays ; à l'horizon on découvre une ville; au second plan et sur cette rivière un pont sur lequel passent des voyageurs; ce beau tableau bien conservé est riche de composition et bien ordonnancé, un beau coucher de soleil éclaire cette belle production qui, depuis long-temps, est connue dans la collection de M. Casimir Périer.

LAURENT de Lahire.

57.— Assise sur les marches d'un tombeau antique, Polymnie compose sous l'inspiration de petits génies ; dans le fond et derrière un massif d'arbres, au bas duquel coule un fleuve, on voit une ville. Ce tableau, finement touché, est gracieux de style et de composition.

LANCRET.

58.— Très-bonne répétition du beau tableau, dit le voyage à Cythère, par Ant. Watteau, que possède la Russie et que l'on ne pourrait avoir à aucun prix ; les amateurs de ce maître verront avec plaisir le moyen de se procurer la copie, ne pouvant avoir l'original, et d'autant plus précieuse que le maître y a mis toute l'exactitude et le talent du meilleur élève de Watteau.

ROBERT.

59. — Deux tableaux faisant pendants, représentant des ruines de monuments antiques.

60. — Deux autres de forme ovale.

VERCOLIÉ.

61. — Charmante composition représentant Moïse sauvé des eaux par la fille de Pharaon ; ce joli tableau qui n'a pas besoin d'éloge doit être très-goûté des amateurs.

WATTEAU.

62. — La déclaration d'amour.

Charmant épisode du beau tableau dit le voyage à Cythère; l'esprit et la finesse de la touche, le coloris brillant, font de ce précieux échantillon une des meilleures productions du maître; avis aux amateurs qui savent combien il est difficile d'en rencontrer, surtout d'aussi bien conservés.

BIDAULT.

63. — Deux jolis paysages historiques faisant pendants.

M. BERTIN.

64. — Deux petits paysages historiques du meilleur temps du maître (1803).

LE MÊME.

65. — Un autre paysage historique.

LE MÊME.

66. — Un charmant fixé faisant pendant avec un autre de Chauvin.

67. — Deux autres petits fixés, l'un par Taunay, l'autre par Sweback père.

BILLECOCQ.

68. — Intérieur d'une maison rustique avec ses habitants.

DRÖLLING.

69. — Dans un paysage au milieu duquel passe un chemin sur lequel on voit un chasseur bossu à la poursuite de deux filles, que l'on voit fuir sur la hauteur. Jolie composition finement touchée.

LE MÊME.

70. — Piquante composition où l'on voit, dans l'intérieur d'une cuisine d'auberge, deux femmes qui préparent à manger pour les voyageurs qui arrivent. Joli petit tableau blond et finement touché.

DEMARNE.

71. — Une bonne vieille grand'mère, assise devant sa chaumière, a sur ses genoux son petit garçon, qui préfère des cerises que lui offre une marchande, à sa bouillie qu'elle voudrait lui faire manger, et pour laquelle un chien accroupi à côté semble témoigner de la préférence; un petit bonhomme est aussi près du groupe qui savoure le plaisir de manger de ce fruit que les enfants aiment tant; le vieux père, plus loin, appuyé contre un pilier de la maison, contemple cette agréable scène. Ce joli tableau, finement touché, est de la plus belle qualité du maître.

LE MÊME.

72. — Composition capitale du meilleur temps du maître, pleiné d'épisodes plus piquants les uns que les autres. Dans l'intérieur d'une ferme, plusieurs

personnages sont occupés de diverses manières : sur le premier plan, un cordonnier ambulant raccommode les chaussures des habitants de la ferme en entonnant la chansonnette, près de lui est couché son chien fidèle; plus loin, au second plan, un valet et une servante viennent de ramener les bestiaux du pâturage; la jeune servante offre une pomme au petit garçon de la maîtresse de la maison, assise près de sa vieille mère qui file ; le vieux père, debout et fumant, examine cette scène. Une fontaine où une autre servante remplit son baquet, une autre scène entre un chat et un oiseau, qui se passe à la croisée de la maison, des figures que l'on aperçoit dans le lointain ; enfin l'on n'en finirait pas s'il fallait décrire tout ce qui compose cette charmante production, si gracieuse et si spirituelle; la couleur brillante, la finesse de la touche, l'agencement des groupes et des détails accessoires, tout fait de ce précieux tableau un des chefs-d'œuvre de Demarne et digne des meilleurs maîtres flamands, dont il s'est si bien rapproché.

TRIOSON (GIRODET).

73. — Esquisse terminée de l'enlèvement d'Endymion par Diane.

GREUZE (J. B.).

74. — Délicieuse tête d'Amour faite pour faire pendant à la Psyché. On retrouve dans cette production tout ce que l'on aime et admire dans ce maître : touché large et hardie, coloris frais et brillant, un charme

enfin que peu de maîtres ont su donner à leurs œuvres.

HUE.

75. — Belle marine au clair de lune, du plus bel
effet. Ce tableau est digne du maître, dont Hue a si
bien su se rapprocher, et dont il était le digne élève.

LE MÊME.

75 *bis*. — Marine au soleil couchant. Au second
plan, une tour se détache sur le fond : l'effet de ce
tableau est bien rendu et plein de vérité, et peut être
considéré comme un des bons ouvrages du maître.

LE PRINCE (Xavier).

76. — Deux marins jetant une corde de secours à
des naufragés. Tableau très-fin, d'une jolie couleur,
et d'une touche soignée.

MALLET.

77. — Scène d'intérieur. Une jeune et jolie femme,
aidée de servantes, se prépare pour le bal; un jeune
page attend respectueusement ses ordres. Ce joli tableau est une des plus fines productions de ce maître.

LE MÊME.

78. — Charmante composition représentant une
baigneuse. Ce tableau est de la plus belle qualité du
maître.

LE MÊME.

79. — Une jeune mère jouant avec un de ses en-

fants qu'elle vient de lever, tandis que l'autre s'impatiente dans son lit.

LE MÊME.

80. — Deux tableaux faisant pendants : l'un représentant une jeune mère dans son boudoir, étendue sur un sopha et entourée de ses enfants, qui lui témoignent leur amour par de tendres caresses; dans l'autre, la jeune mère, ayant près d'elle ses enfants, est agenouillée devant l'autel, dans la chapelle du château.

MICHALON.

81. — OEdipe et Antigone, paysage historique. Tableau connu comme un des chefs-d'œuvre de cet habile chef d'école.

RIOULT.

82. — Charmante tête d'expression de veuve.

TAUNAY.

83. — Un grand nombre de figures sont groupées diversement sur le bord de la mer, où plusieurs bâtiments sont en chargement. Ce joli tableau, d'une belle couleur et finement touché, est digne de Lingelback.

LE MÊME.

84. — Jolie composition représentant Clorinde au milieu des paysans qui lui offrent l'hospitalité. Ce petit tableau, piquant d'effet, riche de ton, est de la plus belle qualité du maître.

VALLIN.

85. — Une bacchante, accompagnée d'un jeune faune, se livre à l'ivresse.

VERNET (Carle).

86. — Deux jockeys de retour de la course; Tableau du meilleur temps du maître : il est difficile de rendre avec plus de vérité l'anatomie d'un cheval de race.

M. BODINIER.

87. — Aquarelle : un brigand, dans l'espoir d'obtenir la récompense promise, vient d'assassiner un de ses camarades dont la tête a été mise à prix.

BONINGTON.

88. — Jolie étude de paysage enrichi de figures.

FLEURI.

89. — Psyché abandonnée par l'Amour; Joli tableau très-fin de touche.

M. FLEURY (Robert).

90. — Deux jolies vues de Naples représentant, l'une le palais de la reine Jeanne, et l'autre le Pausilyppe.

M. FAURE, élève de Roqueplan.

91. — Vue d'un canal près Reims, ornée de jolies figures.

M. GIROUX Andaé.

92. — Beau paysage représentant une vue aux environs de Franconville-sous-Bois; ce tableau, enrichi de jolies figures et animaux, fait honneur à M. Giroux, l'un de nos premiers peintres de paysage.

M. HERSENT.

93. — Comment l'esprit vient aux filles, charmante composition tirée des contes de La Fontaine, et que l'on comprendra facilement sans description ; le mérite de ce tableau sera, je pense, apprécié par les amateurs qui se rappelleront que M. Hersent est un des premiers peintres de genre de notre école moderne.

HERSENT.

94. — Jolie composition représentant un sujet de l'Écriture-Sainte, Ruth et Booz; tableau très-fin et d'un effet de clair de lune bien rendu.

LE MÊME.

95. — Daphnis et Chloé, sujet tiré des œuvres d'Amyot; ce beau tableau, qui a eu tant de succès au salon de 1818, est connu pour être le chef-d'œuvre du maître; la grâce des poses, l'expression de candeur et d'innocence répandue sur ces deux jolies figures, leur donnent un charme infini.

M. PASTIER.

96. — Charmante peinture sur porcelaine, repré-

sentant l'Amour et Psyché, d'après Gérard. Cette peinture, parfaitement réussi, est d'une grande finesse et pleine de suavité.

M. RENOUX.

97. — Paysage par un effet d'orage au soleil couchant; un site montagneux et boisé, bien entendu d'effet et d'une grande vérité, un beau ciel habilement touché font de ce joli tableau une des plus agréables productions de ce maître, qui semble s'être inspiré de Ruisdael.

PORTRAIT DE PIERRE-LE-GRAND, PAR STEUBEN.

98. — Ce portrait provient de la collection de Talma.

VANLOO.

98 *bis*. — Paysage par un effet de neige, orné de figures.

ÉCOLE MODERNE D'ANVERS.

99. — Le duc d'Albe, après la bataille de Leyde; à gauche du tableau, un groupe d'habitants de la ville vient implorer la clémence et la pitié du gouverneur de la Flandre; à droite, le duc, entouré de plusieurs officiers de son armée, accueille avec froideur et semble peu touché des doléances qui lui sont adressées.

DESSINS ET AQUARELLES.

BARROIS.

100. — Charmante miniature représentant un portrait d'une jeune et jolie blonde.

ALBERT-CUIP.

101. — Aquarelle représentant dans une coupe de cristal divers fruits ; ce beau dessin est digne en tout de ce grand maître ; chaleur de ton, touche large, on ne peut trop admirer cette production.

VAN HUYSUM.

102. — Un superbe bouquet de fleurs, du plus beau faire de ce maître et très-harmonieux.

VAN DAEL.

103. — Bouquet de fleurs dans un verre ; tableau très-fin.

DAVID (D'après).

104. — Très-beau dessin qui a servi pour faire la gravure.

HACKERT.

105. — Deux jolies aquarelles faisant pendants ; l'une représente une chute d'eau où vont s'abreuver des

animaux ; l'autre une marine par un effet de clair de lune ; ces deux dessins son très-finement touchés.

RENOUX.

io6. — Aquarelle représentant un épisode de la révolution de juillet.

VAN SPANDONCK

107. — Un magnifique bouquet de fleurs dans un vase de marbre enrichi de bas-reliefs ; ce joli tableau est celui d'après lequel il a été reçu à l'Académie de peinture.

CURIOSITÉS.

---

109. — Belle collection de choix, de vases en albâtre et en marbre dans les forme les plus élégantes ; cette collection a été acquise et rapportée de Florence par M. C. Périer.

110. — Autre précieuse collection de choix, de vases étrusques aussi rapportés de Naples par M. C. Périer.

111. — Belle pendule de Boule, ornée de figures en bronze doré.

112. — Un joli déjeûner en porcelaine du Japou, dans son coffre garni en satin rouge.

ir3. — Un magnifique tour en bois d'acajou, dont

le mécanisme en fer et en cuivre est très compliqué ; ce tour est celui qui a été fait pour Louis XVI ; il est garni de tous ses accessoires.

114. — Un grand et bel orgue en bois d'acajou garni de tous ses accessoires, par M. Abbey.

JULIEN.

115. — Modèle en plâtre, représentant le portrait de N. Poussin sur un socle en granit rouge.

CAFFIERI.

116. — Ce buste de Molière a été offert à Diderot par une société de gens de lettres, et fut depuis légué par lui à Laharpe à la vente duquel il a été acheté.

HOUDON.

117. — Buste de Voltaire en bronze.

118. — Une colonne en marbre bleu turquin bien conservé, pour supporter un buste.

119 — Sous ce numéro seront vendus plusieurs tableaux et objets de curiosité, que l'on n'a pu cataloguer n'étant pas arrivés de la campagne, lors de la rédaction du catalogue.

FIN.